送給

U0942371

啟啟怕不怕考試？
胡燕青 文
王曉明 圖
適合程度
小一（家長伴讀）
小二（獨立閱讀）
怎麼釣魚

初小語文系列 3

啟啟怕不怕考試？

作者
胡燕青

責任編輯
張小鳴

插圖
王曉明

美術監督
蔡桂球

美術設計
伍愛清

出版／發行
基道出版社
香港沙田火炭坳背灣街 26 號
富騰工業中心 1011 室

Logos Publishers
Unit 1011 Fo Tan Ind. Centre, 26 Au Pui Wan St., Fo Tan
Shatin, Hong Kong
電話:2687-0331 傳真:2687-0281
網址：http://www.logoslink.org.hk

版次
1998 年 3 月第 1 版

ISBN 962-457-134-1

目錄

1. 我知道考試到了

老師說考試到了。

考試是甚麼?

考試就是一起寫功課，

寫完才回家，回家不再寫。

老師說，考試到了。

媽媽說考試到了。

考試考甚麼?

考試要考每天的功課，

功課做得好，天天能考試。

媽媽說，考試到了。

怎麼
釣魚

爸爸說考試到了。

考試到了怎麼辦?

每天晚上，請課本姐姐幫個忙，

讓我看一看，想一想。

爸爸說考試到了，不用慌忙。

幫個忙，

幫個忙！

看一看，

想一想！

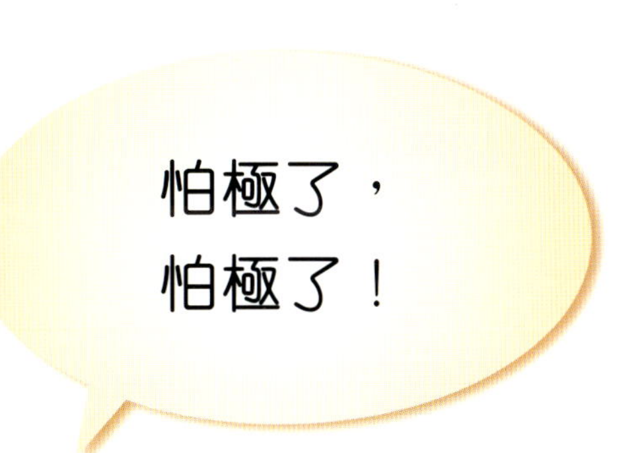

我知道考試到了。

我問哥哥怕不怕考試。

哥哥向我扮鬼臉，

笑著說：「怕極了，怕極了！

我比啟啟膽子小。」

繞口令

削好鉛筆等考試

一枝鉛筆是鉛筆
兩枝鉛筆像筷子
三枝鉛筆變排骨
四枝鉛筆成木筏
五枝鉛筆似手襪
六枝鉛筆莫遺失
好好放進書包裏
明天就是考試日

閱讀報告

（1）老師說，考試就像在學校裏寫＿＿＿＿＿。

（2）媽媽說，天天把功課做得＿＿＿＿＿，就不怕考試了。

你猜爸爸媽媽會怎麼說？

（1）為甚麼老師說，考試就是在學校裏寫功課？

（2）哥哥說他很怕考試，你認為那是不是真的呢？為甚麼？

福

2. 春節

農曆新年到了。爸爸說這個節日又叫春節。我曉得一些繞口令和歌謠，都是很有趣的，你也來念，好不好?

繞口令

大新小新

大新小新過新年
新衣新鞋最新鮮
大新新衣軟綿綿
小新新鞋加鞋墊
大新胖胖如企鵝
小新高高似紅棉
可惜心裏不改變
又懶又傻似去年

嗑瓜子

嗑瓜子，吃瓜子
嗑完瓜子吃瓜子
嗑時困難吃時易
嗑上半天吃一次
吃吃嗑嗑幾小時
苦了指頭和牙齒

（嗑，廣州音讀「合」）

會嗑瓜子，會嗑瓜子！
真厲害，真厲害！

新棉衣

風呼呼，口冒煙，
外婆送我新棉衣；
一二三、四五六，
棉衣口袋多的是。
一個裝紅包，
一個袋瓜子；
兩個安置小玩具，
兩個留著暖手指。

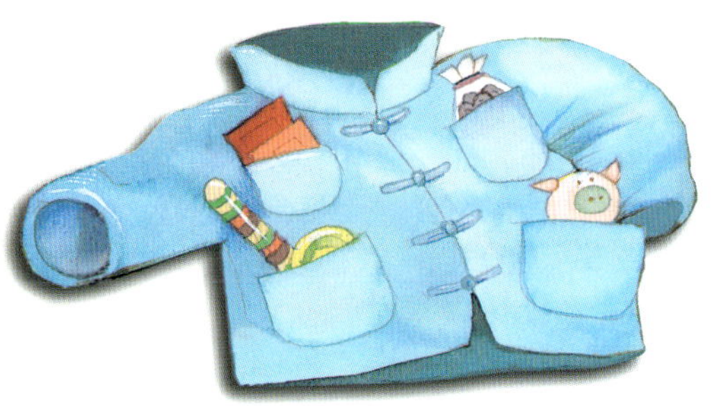

3. 動物園

今天，老師讓我們畫畫，畫自己最喜歡的動物，看誰畫得最好。

你猜猜，我們都畫些甚麼?

李思思畫了一隻河馬，牠正在打呵欠呢！

張宇軒的貓頭鷹在做甚麼？原來正在試戴新眼鏡！

方小元的黑白斑點狗，長得很胖很胖，正對著電燈柱子撒尿。大家看了哈哈大笑，但老師說，燈柱子實在不是太好的廁所。

上廁所！
上廁所！

我畫的是哪種動物?

你猜猜！

是一條殺人鯨呢！看，牠正在努力跳高，因為牠要看看樹上的小鳥。

老師起來頒獎了。誰會得獎呢？

鯨魚真大！

　　她拿出一張很大很大的獎狀，高聲說：「今天得獎的是——是我們的動物園！」

　　大家高興得跳起來，又叫又笑，連手都拍紅了。

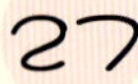

小詩

我最像

弟弟學猴子
猴子穿褲沒尾巴
妹妹扮河馬
河馬嘴巴不夠牙
姐姐演駝鳥
駝鳥羽毛像朵花
人人都不像
只有我像大白鯊

閱讀報告

（1）老師讓我們畫畫，啟啟畫了一條＿＿＿＿＿＿。

（2）大家畫的動物都不同，大家的畫合起來，成了一個＿＿＿＿＿＿。

給爸爸媽媽講個故事

在這一次的啟啟故事裏，你最喜歡的動物是甚麼？你自己有沒有最心愛的動物朋友？請你把牠畫出來。

然後，你來給爸爸媽媽講一個關於牠的故事。記著，那是要按著圖畫講的。

這是祕密啊。
PING

4. 鯊魚，鯊魚

告訴你一個祕密：我最怕的東西是鯊魚。

我游泳的時候，先要看看
游泳池裏有沒有大鯊魚。

我洗澡的時候，先要看看浴缸裏有沒有小鯊魚。

我喝湯的時候，先要看看湯碗裏有沒有很小很小的鯊魚。

JUMP

我一看見三角形的東西，就想到鯊魚鰭。

我生日那天，媽媽爸爸買了一條毛毛海豚給我。

他們告訴我，海豚最喜歡小朋友，游得比鯊魚快。鯊魚欺負小朋友，海豚就會很生氣，把鯊魚趕走。

HAPPY
BIRTHDAY

不怕了，
不怕了！

我聽了很高興。以後，我再不怕鯊魚了。但是，是誰告訴爸爸媽媽我怕鯊魚的呢?

繞口令

鯊魚牙痛

鯊魚身上沒有沙
沙灘嘴裏沒有牙
牙齒最怕碰上沙
鯊魚最怕要刷牙
沙灘用沙磨鯊牙
鯊魚牙痛要回家

閱讀報告

（1）啟啟最害怕的東西是＿＿＿＿＿。

（2）＿＿＿＿＿游得比鯊魚還要快。

（3）啟啟怕鯊魚，是怕牠會＿＿＿＿＿。

告訴爸爸媽媽

（1）你最害怕甚麼？為甚麼害怕？

（2）你要爸爸媽媽為你做甚麼，你才不怕？

作者簡介

胡燕青，**1954**年生，廣東中山人。**1978**年畢業於香港大學中英文系，後獲中文系哲學碩士學位。現任香港浸會大學語文中心講師。

胡燕青於高中時開始寫作，作品以詩和散文為主，分別發表於香港各文學雜誌及報刊。曾先後獲得香港市政局中文文學獎詩組及散文組冠軍。歷任《詩風》編委、中文文學獎、青年文學獎、校際朗誦節評判。著有詩集《我把禱告留在窗台上》、《驚蟄》、《日出行》，散文集《彩店》、《我在乎天長地久》、《我的老師》，詩歌欣賞論集《小丘初夏》；與人聯合編著中級漢語輔讀教材《讀讀寫寫學漢語》、兒童聖經《永永遠遠》等。

插畫者簡介

王曉明，**1945**年出生於浙江寧波，**1962**年畢業於杭州藝術專科學校美術系。係中國美術家協會會員，杭州市作家協會會員、浙江美術家會理事。主要從事兒童讀物的寫作和繪畫，插圖作品曾在日本、西班牙、伊朗、意大利、斯洛伐克等地展出。低幼讀物插圖獲歷屆中國低幼讀物插圖評獎一等獎，曾獲日本「野間獎」。主要作品有童話集《會飛的房子》、《花生米樣的雲》、《神奇大樓之夜裏誰在叫？》。現主持王曉明工作室。